I0075326

ACQ. 42,644

HENNEQUIN

PROCÈS POLITIQUES

DE LA SIXIÈME BROCHURE

DES AMIS DU PEUPLE

ET DU PROSPECTUS

DES INSTRUCTEURS DU PEUPLE,

Soutenus par Cavaignac, devant la Cour d'assises de la Seine,
le 14 décembre 1831.

BIBLIOTHÈQUE IMPÉRIALE

IMPR.

51

Lb 4672

Sceaux. — Imprimerie de Grossteite.

PROCÈS POLITIQUE

DE LA SIXIÈME BROCHURE

DES AMIS DU PEUPLE.

∿∿∿∿∿∿∿∿∿∿∿∿∿∿∿∿∿∿∿∿∿∿∿∿∿∿∿∿∿∿∿∿∿

COUR D'ASSISES DE LA SEINE.

Audience du 15 octobre 1831.

Le citoyen Ricard-Farrat, cité devant la Cour d'assises comme ayant contribué à la publication d'une brochure au nom de la Société des Amis du Peuple, à la date du 18 août 1831, annonça qu'il avait un moyen préjudiciel à faire valoir, et demanda à l'exposer. La Cour, après avoir délibéré, ayant consenti à l'entendre, ce citoyen s'exprima en ces termes :

« Messieurs, la Société des Amis du Peuple décida, dans une séance du mois de juin, qu'une commission serait nommée pour composer une série de publications, dont les divers chapitres seraient consacrés à l'exposition et au développement de ses doctrines, à des enseignemens historiques, et à des considérations sur les événemens politiques de l'époque. Les membres de la commission chargée de faire les publications ne devaient pas même être considérés comme les rédacteurs des articles qui les composaient; car, devant seulement coordonner des idées émises dans la Société, ils ne rédigeaient que d'après sa direction, et en quelque sorte que sous sa dictée. Comme il était impossible de donner au travail de tant d'auteurs et compositeurs toute la précision et l'ensemble désirables, on publia les articles, sans s'attacher à une méthode et à la classification des idées.

La police poursuivit la première feuille dès son apparition : le ministère public voulut la considérer comme le prospectus d'un journal. Les publications suivantes furent poursuivies avec la même rigueur : des menaces indirectes de persécution et de recours au pouvoir discrétionnaire furent faites à notre imprimeur; son courageux dévoûment en était ébranlé, il hésitait. Pour satisfaire à ses exigences, et ôter tout prétexte aux persécutions du ministère public, la commission qui avait succédé à la première, disloquée par les emprisonnemens et les poursuites haineuses du procureur général, consentit à changer la forme des publications, et à joindre à chaque article les initiales des noms de quelques rédacteurs. Voilà, messieurs, comment les miennes se trouvent au bas de deux articles incriminés. Eh bien! je demande pourquoi, accusé du même délit que mes collègues, on sépare leur cause de la mienne; pourquoi mon affaire est appelée la première, lorsque le prétendu délit de mes amis est de deux mois antérieur au mien? pourquoi ne m'a-t-on pas fait partager leur emprisonnement? et pourquoi enfin à moi cette faveur outrageante, à eux ce déni de justice?.... Mon nom n'était-il pas encore inscrit sur les tables d'nimitié de M. le procureur-général!.... J'espère n'avoir bientôt rien à envier à mes amis. Nous avons appris que cet accusateur prétend rattacher nos publications à un complot dont le jugement fera sans doute pendant à celui des 19 patriotes. Eh bien! je signale à son zèle scrupuleux un motif de plus pour me faire partager le sort de mes camarades et ses honorantes poursuites contre eux : j'étais de la commission qui a provoqué la publication de nos brochures.

Il est donc de toute équité et je demande que ma cause soit jointe à la leur.

La Cour, après avoir délibéré quelques instans, décida qu'il n'y avait pas lieu à admettre la demande du sieur Ricard-Farrat; ce citoyen se retira immédiatement de l'audience et fit défaut. La cause ayant été continuée, MM. les jurés acquittèrent M. Mie, imprimeur, et la Cour, sans leur intervention, condamna M. Ricard-Farrat à une année de prison et 1,000 francs d'amende.

Audience du 14 décembre.

Ricard-Farrat ayant formé opposition au précédent arrêt, comparaît en cette audience comme auteur et éditeur responsable de la sixième brochure publiée par la Société des Amis du Peuple, quoiqu'il ne fût que l'agent de cette Société, comme le prouvent les dépositions de plusieurs témoins cités à sa requête.

M⁰ Tarbé, avocat-général, (élève de Bellard) soutient successivement les quatre chefs d'accusation. Son réquisitoire dure une heure et demie.

Ricard-Farrat présente sa défense en ces termes :

Messieurs les Jurés,

Lors de ma première comparution devant ce tribunal, du sujet de l'écrit déféré aujourd'hui à votre jugement, je déclarai que je n'en étais pas l'auteur; que j'étais seulement membre d'une commission chargée par la *Société des Amis du Peuple*, de la coordination d'idées émises dans son sein, et de l'exécution matérielle de leur publication, et que les initiales qui se trouvent à la fin des divers articles, n'y avaient été placées que pour satisfaire aux exigences de l'imprimeur et ôter un prétexte aux poursuites du ministère public à son égard.

Je renouvelle devant vous cette déclaration, messieurs les Jurés; mais pour que vous ne pensiez pas, qu'en le faisant, je cède aux incitations d'une prudence pusillanime, je vous en dois une autre, que le caractère de représentant de ma société, qui m'est imprimé par ma citation devant vous, m'impose le devoir de vous faire au nom de mes co-sociétaires et au mien.

La *Société des Amis du Peuple* est éminemment républicaine, je suis républicain : la fin que nous nous proposons, et à la réalisation de laquelle nous consacrons tous nos efforts, toutes nos pensées, toute notre activité ; que nous poursuivons par des luttes morales et des privations continuelles, par des sacrifices et des dangers incessans; cette fin, c'est l'amélioration du sort des masses, sur l'abaissement intellectuel et politique desquelles nous gémissons, autant que nous admirons leur timide et touchante résignation dans le malheur et leur sublime et généreuse modération dans le triomphe ! C'est vous dire que les *Amis du Peuple* veulent et doivent attaquer tous les régimes sociaux où le plus grand nombre est exploité par quelques uns, *où des* institutions économiques, libérales, favorables à presque tous, sont repoussées parce qu'elles répugnent et nuisent à quelques hommes ; c'est vous dire qu'ils ont déclaré guerre à extinction à tous ces régimes, n'importe la forme sous laquelle ils se manifestent. Cette guerre est pour eux un devoir ; car l'homme à sympathies généreuses, qui sent dans quelle haute sphère il peut se placer par la puissance de la pensée à produire des sentimens surhumains, celui qui sait trouver une récompense suffisante dans un devoir rempli, dans la seule satisfaction du bien qu'il a fait aux autres, dût le mal, dût l'ingratitude être son partage, dussent le blâme et des mépris injustes, résultant de l'inappréciation des mobiles qui le dirigent, retomber sur lui, cet homme ne peut tolérer aucune oppression, ne peut pactiser avec aucun abus, avec aucun privilége : la destinée de son existence, sa vocation est de les miner, de les dissoudre.

L'Europe entière est encore courbée sous des régimes oppresseurs, et la crise approche qui décidera de la prolongation illimitée de leur existence ou de leur anéantissement.... La résolution de cette crise ne serait pas douteuse, si l'esprit et le jugement des masses n'étaient pas faussés, n'étaient pas abusés ; c'est pour cela que *les Amis du Peuple* travaillent à les instruire, à les éclairer.

Je vais rentrer dans la spécialité des accusations.

Il m'était nécessaire, messieurs les Jurés, d'entendre M. l'avocat-général articuler ses accusations et en spécifier les chefs, pour reconnaître ce qui, dans l'écrit incriminé, pouvait y fournir un texte spécieux.

Peu exercé à l'improvisation, je dois laisser à mon défenseur le soin de discuter les points de droit et d'attaquer le système de l'accusation dans son économie et dans ses particularités, pour culbuter l'échafaudage édifié par la faconde du ministère public. Pour moi, messieurs, c'est moins une réfutation méthodique des incriminations que je vais vous présenter, qu'un développement justificatif, qu'une explication des doctrines et des principes exposés dans l'ouvrage.

L'accusation se compose de trois chefs principaux : provocation à la désobéissance aux lois, excitation au mépris et à la haine d'une classe de citoyens ; excitation à la haine, au mépris et au renversement du gouvernement du roi. C'est ce dernier chef que je veux aborder le premier et tâcher de réduire à sa juste valeur, en traitant à fond les questions qui s'y rattachent.

Il faut en finir avec cette confusion jésuitiquement combinée

de choses et d'expressions, mine féconde et commode d'inter-
prétations abusives et d'inductions fallacieuses, à laquelle on a
continuellement recours pour colorer et justifier des accusations
sans fondement. Il est indispensable de faire crouler ce système odieux d'incrimination, en sapant l'argumentation qui lui
sert de pivot. Ce n'est pas qu'on puisse appréhender le succès
d'un pareil moyen : le résultat de toutes les accusations qui ont
été basées sur lui suffit pour rassurer, et d'ailleurs, il est trop
délateur de la faiblesse des accusations qui s'étayent de lui,
partant, trop suspect, pour qu'on redoute ses effets et ses conséquences ; mais en ruinant une fois pour toutes ce système,
nous aurons, peut-être, enlevé au pouvoir un moyen, ou du-
moins un prétexte de nouvelles persécutions préventives contre
les patriotes.

Messieurs les Jurés, depuis le rétablissement incomplet autant
qu'illusoire du régime représentatif en France, depuis l'invasion
étrangère, tous les ministères (pouvoirs gouvernementals) qui se
sont succédés, ont tenté de couvrir leurs actes du palladium
d'inviolabilité accordée aux pouvoirs politiques (les chambres et
la royauté). Spéculant sur les mots, sur une formule des légiti-
mistes, ils ont dit et prétendent encore, que le roi étant le chef
du pouvoir exécutif, attaquer le gouvernement, qu'à dessein ils
appelaient et qu'on persiste encore à appeler le *gouvernement
du roi*, c'était attenter au caractère et à la personne de celui-ci.

Cette interprétation abusive et perfidement prétentieuse était,
messieurs, conséquente avec les principes des ennemis nés de
la liberté et de l'égalité, de ceux qui faisaient des abus et du
despotisme leur affaire et leur profit ; elle l'était avec leur tendance à reporter sur le roi toute la puissance politique, et à faire
de la royauté la source de tout pouvoir ; elle était conséquente
enfin avec les dogmes de la légitimité et du droit divin qu'ils
proclamaient. Mais le bon sens et la prévoyance de la nation ne
sanctionnèrent jamais des prétentions absurdes à des droits qui,
basés sur des fictions, pouvaient légitimer des actes arbitraires,
despotiques ou insensés : elle en donna un éclatant témoignage en
juillet 1830, où furent démontrées aussi la fragilité de ces fictions et l'impuissance de dogmes et d'institutions pris hors de la
société, hors de la nature.

La source de tout pouvoir, de tout gouvernement, est et ne

peut être que dans le peuple. Le seul gouvernement légal, vrai, légitime, ne peut être que le gouvernement national. Qu'on cesse donc de dire le gouvernement du roi : sous un véritable régime constitutionnel, le roi ne peut et ne doit pas en avoir. S'il est regardé comme le chef du pouvoir exécutif, ce n'est qu'en apparence, par pure formalité, enfin par une de ces figures si conformes à la civilisation de nos mœurs et de notre langage, qui déguisent une réalité choquante par les mots et les formes avec lesquels elle contraste le plus. Sous un régime représentatif franchement et rigoureusement exécuté (le chef actuel du ministère en avait promis l'expérience), la volonté personnelle, l'individualité du roi ne doit aucunement se mêler au gouvernement de la chose publique. Avec l'inviolabilité royale et la responsabilité ministérielle, il n'y aurait qu'un ambitieux insensé qui voudrait subordonner ses actes et son administration au vouloir et au caprice d'un roi.

Entendrait-on arguer de l'intervention inconstitutionnelle, illégale du roi, dans les actes et gestes du gouvernement, pour en déduire que des attaques contre ceux-ci atteignent sa personne ? En ce cas, Messieurs, je veux, je dois vous exposer sans réserve toute mon opinion.

Je conçois que ceux qui croient l'hérédité royale nécessaire pour réaliser un bon système politique, puissent admettre, comme une nécessité, la fiction de l'inviolabilité ; cependant, cette inviolabilité doit-elle être tellement sacramentelle, illimitée, indéfinie, qu'il ne puisse y avoir des lois pour elle ?.... Non, certainement, à moins qu'on ne veuille préparer l'accès aux révolutions : celle de juillet est une éloquente protestation contre l'absurdité d'une pareille extension d'inviolabilité. Il n'y a plus de lois, Messieurs, dès qu'un individu se trouve placé au-dessus de toutes les lois. Du petit au grand, les principes doivent entraîner les mêmes conséquences ; et si le roi, sortant de la sphère du pouvoir royal et de ses attributions, se permet personnellement des actes inconstitutionnels, illégaux, je crois et soutiens que ces actes doivent entrer dans le domaine de la discussion publique, et que si des attaques dirigées contre les ministres qui les tolèrent, l'atteignent lui-même, on ne peut en faire un délit.

Ce serait ici le cas, Messieurs les jurés, de vous signaler avec quelle imprévoyance et quelle étourderie nos législateurs ont confectionné notre pacte constitutif, et combien il est incomplet sous le rapport de la délimitation des attributions et des préro- gatives de chaque pouvoir et de ses obligations : qu'il me suffise de vous faire observer qu'ils n'ont pas même prévu le cas d'alié- nation mentale qui, dans le cas d'excès ou de violences indivi- duelles d'un prince, pourrait être invoqué et offrir un recours spécieux.

J'en ai dit probablement plus qu'il n'était nécessaire pour vous prouver, Messieurs les jurés, qu'exciter au mépris ou à la haine du gouvernement, n'atteint aucunement la royauté : la confu- sion que cherche à faire, à ce sujet, le ministère public, suffi- rait pour vous en convaincre, car elle équivaut à un aveu; et si par cas, il en était parmi vous qui doutassent qu'il soit licite d'ex- citer à la haine ou au mépris du ministère, les doctrines profes- sées dans cette enceinte même, par un collègue de M. l'avocat- général, me serviraient pour dissiper leurs doutes. Nous avons entendu M. Delapalme, lors du premier procès *Mayeux*, dire : que « Si la critique, si le blâme cessaient d'être permis contre » les agens du pouvoir, on verrait bientôt le despotisme et l'ar- » bitraire arriver par les ministres jusqu'à la couronne. »

Je me servirai encore, pour me justifier, des propres paroles de mon accusateur; n'a-t-il pas dit : « Le gouvernement du roi, » c'est le ministère...... On a le droit de critiquer ses actes, de » blâmer ses discours. »

Voudrait-on, à présent, alléguer qu'une excitation au mépris et à la haine doit être distinguée d'une critique ou du blâme? J'avoue que je serais fort embarrassé pour saisir cette distinction, et concilier avec la première proposition les résultats de la se- conde, et mon admiration pour le talent qui distingue M. l'avo- cat-général acquerrait certainement toute l'extension qu'elle peut encore atteindre, s'il pouvait nous démontrer que la censure peut s'attaquer à des actions méprisables sans provoquer le mépris contre leurs auteurs, et le blâme frapper des actes odieux sans qu'il en résulte un sentiment de haine contre les coupables. Je crois pouvoir, il en est temps sans doute, abandonner ce chef d'accusation.

Messieurs, une même argumentation va me servir de réponse aux incriminations du ministère public, contre les articles inti- tulés : de la *Monarchie républicaine,* de la *Legislation, Notes sur les œuvres de la chambre.*

I.

On nous accuse d'exciter au mépris et à la haine d'une classe de citoyens. Nous, je dis nous, pouvant parler ici pour tous mes concitoyens : nous ne reconnaissons plus de classes en France; et quant à nous, *amis du peuple, hommes du peuple*, nous ne consentirons à aucune classification politique ou sociale. Que la restauration prétendît en établir, en faire, c'était une conséquence de ses doctrines et de son ignorance du sentiment d'égalité qui, dans le cœur du citoyen français, prédomine sur tous les autres; jamais, je puis le dire au nom de tous ceux qui sont fiers de ce titre, jamais ils ne consentiront à être classés. C'est en vain que le mot de classes a été introduit (avant juillet 1830) dans nos Codes. Quand les lois d'un peuple jurent avec ses mœurs, elles sont abandonnées, oubliées; elles trépassent. Voilà pourquoi, sous la restauration même, on n'a jamais pu faire l'application des dispositions de la loi sur les classes.

On veut nous faire un crime de nos imputations acerbes et de nos attaques envers les riches! Mais en quel temps, en quels lieux a-t-on vu défendre de leur reprocher leur avidité, leur dureté, leur égoïsme?

N'a-ce pas toujours été la mission des hommes généreux et humains?.... Plus que jamais, aujourd'hui, les riches ont besoin d'être stimulés et admonestés. Voyez à quel degré d'abaissement un égoïsme timide et cupide fait tomber nos sommités politiques et financières et, avec elles, cette France, ma patrie, qu'elles gouvernent, ou plutôt qu'elles exploitent, qu'elles immolent, qu'elles déshonorent!!!..... Voyez quelles mesquines considérations les influencent, ces sommités!...

Les peureux ont pu croire, pendant quelque temps, que la crainte de voir la fortune de tous ceux qui possèdent compromise, pouvait influencer leurs déterminations; mais aujourd'hui il est assez prouvé que c'est leur intérêt propre, individuel, et non celui de la généralité des propriétaires qu'ils ont en vue. Le retranchement des 30 centimes additionnels vient d'en donner une preuve éclatante!..... éclatante! ah! honteusement!.... Ont-ils réalisé quelque amélioration sociale, ces hauts gouvernans? Ont-ils pensé à garantir les intérêts de ceux qui possèdent, en assurant l'existence des pauvres? Ont-ils formé quelque association ou quelque institution philantropique?.... Ils ont pensé à eux!........

Ah! qu'ils tremblent, ces égoïstes imprudens, qu'un jour

vienne où le peuple exaspéré pourrait dire : Moi, tout pour moi !

. . . .

. . . .

Il est juste et consolant de reconnaître qu'il est quelques riches purs de cette lèpre d'individualisme, et que, les préventions se dissipant, leur nombre s'accroît chaque jour. Mais la majorité !..... Ne semble-t-il pas que l'article de notre écrit intitulé *de la Législation*, a été écrit sous l'impression des circonstances et des faits qui viennent de passer sous nos yeux ?... Ecoutez-en un passage : « Le spectacle des misères du peu- » ple ne peut émouvoir nos représentans ; persuadés qu'ils sont » que les classes pauvres sont destinées à souffrir, qu'on ne peut » rien pour elles, ils craindraient de se charger d'une cause qu'ils » croient irrémédiable et désespérée. »

Eh bien ! on ne se contente pas d'être froid à ses souffrances, d'écarter et de délaisser *ce peuple* sublime de grandeur et de vertu, il faut encore qu'on déverse sur lui de lâches mépris, d'infâmes injures, l'injustice et la calomnie !.. Vous aurez, ces jours passés, Messieurs les jurés, remarqué avec étonnement, dans l'organe officiel des doctrinaires, la pensée dirigeante de ces partisans par excellence de l'exploitation des masses mise à nu, quoique mitigée par d'apparentes concessions ; pensée que, depuis le 3 août, ils n'ont cessé de faire prévaloir, de réaliser. En effet, comment exploiter la nation, la concorde et l'harmonie existant dans toutes ses parties composantes ?... Ne faut-il pas diviser pour gouverner, du moins de la façon dont ce mot était entendu autrefois ?... C'est une maxime, c'est *une doctrine*.

Malgré les déplorables succès qu'ont pu déjà obtenir les manœuvres de ces hommes tant funestes à notre pays, véritables cancers sociaux, la bourgeoisie laborieuse, industrielle, celle du moins qui ne fait pas partie des exploitans politiques, n'entendra jamais, j'ose en appeler à vous-mêmes, Messieurs les jurés, la bourgeoisie ne voudra jamais se séparer du peuple ouvrier auquel elle tient par tant de liens ; il y a chez elle, je me plais à le reconnaître, bonne foi, nationalité et jalousie d'égalité : c'est assez pour nous rassurer et nous convaincre qu'elle ne consentira jamais à laisser parquer ses semblables.

Après cela, il pourra vous paraître étrange, Messieurs, qu'on nous impute de vouloir fomenter la division entre les diverses conditions de la société, Qu'il me suffise de vous citer une définition du peuple qui se trouve dans le deuxième écrit déféré à votre jugement, où je dis : Vous tous qui êtes le peuple, ouvriers, commis, petits marchands et propriétaires qui formez les 19 vingtièmes de la nation......

Je n'ai pas besoin de vous faire sonder l'abîme où nous précipiterait la réalisation des coupables prétentions des doctrinaires que vous avez entendu, non sans indignation sans doute, qualifiant notre admirable population ouvrière de France de barbares, de nègres, de sauvages!..... Ah! puissent leurs tentatives faire passer dans l'âme de ces masses courageuses et fières, un sentiment, un soupçon de l'abaissement social, de l'ilotisme auquel ils prétendent les réduire, et qu'ils reposent tranquillement après.... Quel réveil terrible autant que mérité pour eux, quand l'heure en sonnera!......

Et l'on veut, Messieurs, en présence de la misère et des souffrances du *peuple*, nous faire un crime à nous, *amis du peuple*, de nos efforts, de nos travaux pour l'amélioration de son sort!..... Si nous ne savions pas que le plus sûr moyen de parvenir à notre but, c'est d'obtenir pour lui l'exercice des droits politiques ; et que les riches voulussent, comme nous, pour calmer ses souffrances et sa faim, assumer sur eux seuls les charges dont il est accablé ; satisfaits, quoique peu rassurés sur l'avenir, nous saurions tempérer notre louable acharnement à revendiquer les droits de sa souveraineté : sa souveraineté! Amère dérision qu'on ose proclamer à la face du peuple, alors qu'en échange de ses droits confisqués, de l'obéissance ; des respects, des sueurs et du sang qu'on exige de lui, on ne lui accorde pas même de l'ouvrage!!!....

Je reviens à la spécialité de l'accusation, Messieurs les jurés, pour réfuter ce qui se rapporte à la chambre des députés.

Encore ici le thème banal d'excitation à la haine et au mépris! Si vous avez parcouru notre brochure, et que vous ayez fait un rapprochement entre les attaques qu'elle contient et celles qui étaient dirigées contre Villèle et Polignac, celles même que vous pouvez lire encore tous les jours dans les feuilles quotidiennes, vous aurez été sans doute surpris de la préférence que nous accorde le ministère public.

Je veux vous citer un passage du *Courrier français* dans la même circonstance.

« Les divers amendemens proposés par le général Lafayette, et qui exprimaient si vivement les sympathies du pays pour la

cause de la malheureuse Pologne, ont été inhumainement rejetés
par le ministère et par la *cohue* ministérielle : le général Lafayette, ce vieillard si digne de nos respects et de l'admiration
du monde entier, a même été accueilli par d'*indécens* murmu-
res. La chambre dissoute, la chambre du double vote, écoutait
au moins en silence, avec respect, ce bon, ce grand citoyen.
L'indifférence légère d'une partie de la chambre actuelle pour
tant de vertus, de services, nous a navré l'âme, et cet égoïsme
de l'ingratitude ne peut naître que dans des cœurs glacés par la
peur. »

(*Courrier français* du 16 août. — Séance de la chambre.)

Je crois que c'est dans le même journal qu'a été pris le passage
que M. l'avocat-général nous accuse d'avoir inventé, en s'ap-
puyant sur l'impartialité du *Moniteur*. Je regrette de n'en avoir
pas un exemplaire ; mais je vous prie de croire que nous ne
sommes pas hommes à inventer des faits.

Vous voyez qu'on n'a pas usé envers d'autres de la même rigueur qu'envers nous.

Est-ce une raison, pourra dire l'accusateur, pour que vous
échappiez à nos réquisitoires ?..... Certes, ce n'est pas nous qui
voudrions provoquer des poursuites, en disant : Pourquoi ne
faites-vous pas ? mais nous pourrons dire au ministère public :
Ce que les Bellart, les Broë, et les administrations Villèle et
Polignac n'ont pas osé faire, vous le tenterez, vous le faites !.....
après juillet 1830 !...... Pour en finir avec l'accusation, et dans
le cas où quelqu'un d'entre vous, Messieurs les jurés, n'aurait
pas sa conviction faite sur son absurdité, et pourrait croire l'hon-
neur de la chambre atteint par nos critiques ou nos citations,
nous n'aurons, pour justifier nos licences, qu'à citer des paroles
dites devant la chambre même, par un orateur à la modération
singulière et à la capacité merveilleuse duquel M. l'avocat-général consentira peut-être à subordonner ses opinions.

M. Sébastiani disait, le 13 mars 1827, au sujet de la proposition Laboëssière :

« J'ai toujours pensé, et tout publiciste de bonne foi pense,
« que dans un gouvernement représentatif, tous les citoyens,
« journalistes ou non, ont le droit d'attaquer la chambre, même
« pour ses actes...... je dis plus, s'il arrivait jamais, et je pense
« que cela n'arrivera pas, qu'une chambre élective fût corrom-
« pue, ils auraient *le droit*, ils auraient *le devoir* de le dire. »

Il ne me reste plus, messieurs, qu'à combattre un chef d'accusation, celui qui porte sur les avertissemens aux militaires, dans lequel ont veut trouver une excitation à la désobéissance aux lois.

Est-il nécessaire que je vous démontre qu'aucun des passages de cet article ne peut motiver cette interprétation, et qu'il en est qui la contredisent ?.... Faut-il que je vous explique l'intention qui l'a dicté ?.......... J'ai été soldat, messieurs, j'ai commandé des hommes, et ce commandement n'était pas une nécessité de métier pour moi, ni l'accomplissement d'une tâche imposée par le sort ou entreprise par spéculation ; il n'était qu'une conséquence de mes sentimens patriotiques, qui me firent préférer au spectacle de l'abaissement auquel se trouvait réduit mon pays sous l'administration Villèle, un ostracisme volontaire sur une terre où le cri de liberté se faisait entendre (1) ; ce commandement était encore la conséquence de mon dévouement à la cause de ceux que j'avais sous mes ordres. Cependant, j'en dois l'aveu, plus d'une fois je me suis surpris recourant à l'arbitraire autant par excitation d'amour-propre, que par désir du bien ; aussi, ai-je pu apprécier combien, chez des chefs mus par des sentimens moins purs, moins désintéressés que les miens, combien la latitude laissée à l'arbitraire dans le commandement, favorisant les concussions, le gaspillage, les abus du pouvoir et les injustices, facilitait l'exploitation des inférieurs ; dès-lors je me suis convaincu, qu'il était important de préciser par des lois, les limites du pouvoir des chefs militaires. Nos lois militaires ne sont plus en harmonie avec nos mœurs et nos institutions constitutionnelles, et il y a bien loin d'elles à celles qui, comme on Angleterre, permettraient, enjoindraient aux soldats de désobéir aux ordres des supérieurs qui les enfreindraient. Tant que les sommités pourront faire du vouloir, en place de légalité, comment empêcher les chefs inférieurs de faire de l'arbitraire au petit-pied et de se soustraire aux lois qui pourraient les réprimer ?...... Il est une loi, dans nos codes, qui condamne à deux ans de prison et à la destitution celui qui frappe son subordonné ; certainement son application à dû plus d'une fois

_____

(1) Ricard-Farrat fut en Grèce en 1827.

être méritée, et cependant on n'en a jamais donné l'exemple : on a craint sans doute son effet contagieux. Cela doit vous prouver, messieurs les Jurés, que dans l'état militaire, commme dans toutes les autres conditions, les inférieurs sont exploités et souvent opprimés par les privilégiés.

Pour moi, en signalant aux soldats un abus de pouvoir d'un ministre, qui les atteignait spécialement, et la tendance de celui-ci à l'arbitraire, loin de croire les provoquer à la désobéissance aux lois, je voulais les prémunir contre l'entraînement de l'ascendant d'un chef qui peut en abuser pour enfreindre les lois et y substituer son bon plaisir ; des passages qui se trouvent dans l'écrit en fourniront la preuve : « Il faut qu'ils se souviennent qu'en s'attachant à des hommes et se faisant les instrumens dévoués de leur ambition et de leur volonté, c'est leur propre liberté plus encore que celle de leurs concitoyens qu'ils compromettent, car c'est dans l'état militaire qu'il y a le moins de liberté pour les citoyens ; et, pour ceux qui y sont engagés volontairement ou par le sort, elle est toujours en raison de celle dont les autres jouissent. »

Enfin, nos avertissemens se terminent par ces mots : « Le soldat est prévenu, c'est à lui de se tenir sur ses gardes, et de n'oublier jamais que liberté et patrie sont deux choses inséparables, et qu'il est pour lui un devoir plus sacré que celui de l'obéissance passive, le devoir de citoyen. »

Qu'ai-je besoin d'insister sur ce point ? . . . . je m'en réfère, en toute sécurité, messieurs les Jurés, à l'appréciation de vos consciences ; elles vous diront si, en donnant nos avertisemens, nous pouvions avoir la pensée et la prétention qu'ils produiraient l'effet dont excipe le ministère public, la désobéissance aux lois.

Toutefois je ne puis laisser passer sans réponse une assertion de M. l'avocat-général : la guerre était demandée, a-t-il dit, par tous les hommes et tous les organes de l'opposition ; nous repoussons notre part de solidarité à cette imputation ; car, indépendamment des désastres qui suivent la guerre et que nous déplorerons toujours, nous la redoutons encore à cause des hommes qui sont à la tête de notre gouvernement et de nos armées : 1815 est présent à nos yeux et à nos souvenirs !

Messieurs, je viens de défendre l'ouvrage pour lequel je suis soumis à votre jugement, en justifiant les principes et les doctrines qu'il contient et qui, probablement, diffèrent des vôtres, en vous déclarant toute la portée de nos pensées, et mettant à nu, devant vous, tous nos sentimens ; je l'ai fait, non-seulement parce qu'aucune considération ne devait m'en empêcher, puisque c'était un devoir pour moi ; mais encore en toute confiance et sans craindre de nuire à ma cause, car la dissemblance de nos opinions doit vous prémunir contre l'influence des vôtres sur votre jugement. D'ailleurs, sur le siége où vous êtes placés vous devez, en interrogeant vos consciences, ne prendre pour guide que la loi : elle vous dit, d'accord avec elles sans doute, que nos opinions sont notre propriété la plus précieuse, la plus respectable, et que leur liberté et celle de la pensée sont un droit sacré.

Il nous serait difficile de reproduire l'improvisation vive et patriotique que Mᵉ Boussi a prononcée avec l'entraînement d'une profonde conviction : nous nous bornerons à en citer quelques passages. Il a commencé à peu près en ces termes :

Vous aurez, Messieurs, à juger M. Ricard-Farrat deux fois en cette audience. Demain, le journal *la Tribune* répondra trois fois à l'appel du ministère public. Nous aurons bientôt plus de poursuites contre les prétendues infractions aux lois répressives de la liberté de la presse, qu'il n'y a de crimes ordinaires punis par notre Code pénal. D'où cela vient-il ? vous le savez, un journal l'a annoncé et plusieurs l'ont répété, non seulement sans être poursuivis, mais même démentis, le président du conseil l'a déclaré : *Il faut que la mauvaise presse périsse !* C'est donc une guerre à mort que le pouvoir fait à l'opposition. Je viens savoir de vous si vous consentirez à vous associer à ses haines.....

On vient défendre le pouvoir et les hommes qui le soutiennent. A vous, Messieurs, qu'importent les hommes ? Moi, je viens défendre la liberté ; avec elle, le bon ordre, le seul pouvoir légitime et incontestable, celui qui est fondé sur la liberté de tous.......

Mᵉ Boussi discute ensuite en détail les divers chefs de l'accusation, et réfute, parfois avec une heureuse ironie, les paroles d'un homme qui s'est vanté d'avoir défendu la loi sous tous les pouvoirs qui se sont succédés depuis quinze ans. Il termine ainsi :

M. l'avocat-général professe aujourd'hui un véritable culte

pour la monarchie républicaine, qu'il a sans doute appelée de ses vœux pendant les quinze ans de restauration. C'est pour lui le meilleur des gouvernemens. Pourquoi ne nous serait-il pas permis aussi d'espérer, sous la monarchie républicaine, la venue d'une république non mitigée?

Quant au fantôme de 93 qu'on évoque, nous demandons grâce à l'accusation de ses souvenirs, car nous sommes des républicains de 1830. Chimère, qu'une république, nous dit-on : si la république est une chimère, pourquoi poursuit-on ses partisans avec tant d'acharnement? Mais, Messieurs, une république est-ce chose impossible en France?.... Le gouvernement des Etats-Unis n'est-il pas la réfutation vivante et réalisée de tous les beaux discours qu'on peut nous opposer?....

On divise les citoyens; on exploite le mot d'aristocrates; on nous accuse d'irriter les classes populaires contre les électeurs, quand nous ne faisons que rappeler aux électeurs la souffrance des classes populaires et leurs droits. Nous traitons des questions d'ordre social, et l'on nous impute des pensées de bouleverse-ment. On nous accuse de notre défiance dans un ministère qui consomme la ruine du pays, et dans une chambre qui le laisse faire. Sommes-nous donc coupables pour avoir dit notre pensée sur le présent, et pour notre foi dans l'avenir?.....

Après les répliques de l'avocat-général et de Me Boussy, les jurés se retirent dans la salle des délibérations. Ils en sortent au bout d'une demi-heure, et déclarent Ricard-Farrat coupable d'avoir,

1° Excité au mépris et à la haine du gouvernement;
2° Excité à la haine contre *une classe* de citoyens;
3° Provoqué, *sans effet*, au renversement du gouvernement.

Voici les passages qui ont motivé le dernier chef de condam-nation :

« Nos lois actuelles sont toutes en faveur des riches, et il ne pourrait en être autrement avec notre organisation politique; nos législateurs ont en vue leurs intérêts, et ils sont riches; ils ont en vue les intérêts de leurs commettans, et leurs com-mettans sont riches. »

» Toute loi en faveur du riche étant préjudiciable aux in-térêts du pauvre, une loi en faveur de celui-ci réagirait sur ceux du riche, et le riche, l'électeur ne connaissent que leurs intérêts. »

* « Jamais, non, jamais, avec un cens électoral et un cens d'éligibilité, nous n'aurons une chambre populaire et vraiment nationale. . . . . »

« Le 12 août, le député *Cormenin* propose d'ajouter à l'adresse, par un article additionnel : « Que les députés n'ou-
« blieront pas que leur devoir, et le but de la révolution de
« juillet, est d'améliorer la condition du peuple par la commu-
« nication graduelle et mesurée des droits municipaux et poli-
« tiques, par l'allègement des impôts qui pèsent sur les classes
« pauvres et souffrantes, par des moyens de travail, et par la
« distribution gratuite de l'éducation primaire. »

« Cette proposition est adoptée ; mais le lendemain, au moyen d'une manœuvre partiale du président, d'un véritable *escamotage* (l'expression est du ministériel *Lameth*), les ministres et les doctrinaires parviennent à faire rejeter ce paragraphe, qu'un jeune député, le comte *Jaubert*, instrument passionné du ministère, enfant perdu du centre, qualifie *d'imprudences*, en s'attaquant de la manière la plus inconvenante à son auteur, auquel il reproche de s'intéresser plus au peuple malheureux et souffrant qu'aux aristocrates opulens. »

« Dans la séance du 12, on s'est rué contre les républicains, on a déversé sur eux d'ignobles injures et d'odieuses imputations, et pas un député ne s'est trouvé qui osât déclarer qu'il était républicain. Ah ! si sur leurs bancs un ami du peuple se fût trouvé, il n'aurait pas craint de dire, même en se renfermant dans les lisières qu'on nomme convenances parlementaires : « Moi, je suis
» républicain, je le suis de principes et de fait, car je travaille
» de tous mes efforts à réaliser la république, qui est le meilleur
» des gouvernemens, et dont vous tous, Messieurs, devriez par
» conséquent hâter l'avènement.

« Quelqu'un parmi vous voudrait-il prétendre que j'attaque
» la royauté en travaillant à la faire disparaître ? Mais vous, Mes-
» sieurs, qui tous, mieux que moi sans doute, appréciez le ca-
» ractère et les sentimens du citoyen auquel vous l'avez déférée,
» douteriez-vous qu'il ne s'empressât de restreindre ses préroga-
» tives à mesure que les progrès de la raison publique et les be-
» soins nationaux le réclameront, et d'abdiquer même son pou-
» voir et son titre, dès qu'un régime plus favorable à la félicité

» du peuple que celui par nous actuellement adopté, sera réali-
» sable ? »

« Le député Aug. Giraud, du centre, ne veut pas qu'on amé-
liore la condition du peuple, et s'oppose à l'extension des droits
municipaux et politiques. »

« Ouvrirez-vous enfin les yeux, vous tous qui êtes le peuple,
citoyens qui ne jouissez pas de ses droits, et attendrez-vous encore quelque chose des élus des privilégiés qui les exercent ? »

Voilà les passages sur lesquels était motivée l'accusation de
*provocation au renversement ou au changement du gouverne-
ment, crime* pour lequel *Ricard-Farrat* a été condamné à 6
mois de prison et 1000 *francs d'amende* ! Est-ce bien ces passages, dont on formait le corps du délit et du *crime*, qui ont
trouvé une condamnation dans les consciences des jurés?....

Nous venons de donner le plaidoyer énergique de Ricard-Farrat,
et nous mettons en regard les condamnations et les passages qui
les ont motivées, afin que le public puisse aussi, *en attendant
une autre justice*, prononcer son verdict : ce n'est pas Ricard-
Farrat qui peut le redouter.

Nous croyons devoir faire connaître toutes les parties. Voici les
noms des jurés :

> MM. Dancourt, ancien chef de division à l'administration des
> postes, rue St-Bernard, nº 36 ;
> Derosne, membre de l'académie des sciences, rue Saint-
> Honoré, nº 115 ;
> Appay, notaire à Vincennes ;
> Hurion, marchand de soieries, rue St-Denis, nº 120 ;
> Gaudelet, maître maçon, rue Folie-Méricourt, nº 18 ;
> Délabarthe des Thermes, propriétaire, rue de la Ville-
> l'Evêque, nº 1 ;
> Caillat, propriétaire, rue de Choiseul, nº 4 (bis) ;
> Rousselle, manufacturier, boulevard St-Denis, nº 19 ;
> Saint-Martin, membre de l'académie royale, vieille rue
> du Temple, nº 123 ;
> Julien, propriétaire, rue Mauconseil, nº 27 ;
> Dumoulin-Neuf, architecte, rue de Bellechasse, nº 11 ;
> Bourbon, capitaine d'artillerie, rue de Miromesnil, nº 24.

PROCÈS POLITIQUE

DU PROSPECTUS

DES

INSTRUCTEURS DU PEUPLE.

~~~~~~

Audience du même jour.

« Le gouvernement, c'est-à-dire le ministère et ceux qui en dépendent, usant et abusant de toutes les ressources qu'il a à sa disposition, s'oppose par tous les moyens possibles à l'instruction du peuple, en empêchant, autant qu'il le peut, la publication, et entravant la distribution des écrits qui peuvent l'éclairer sur ses véritables intérêts et lui faire connaître les causes de son malaise et les moyens d'y remédier. Non content de cela, il cherche à lui fausser le jugement, à l'induire en erreur, en faisant publier des écrits qui ne contiennent que des mensonges, des insinuations perfides, ou des bavardages insignifians : ceux qui ont lu les feuilles qu'on a criées jusqu'ici dans Paris, sous le titre d'*extraits du Moniteur*, et sous tant d'autres, ont pu s'en convaincre. Enfin, le gouvernement a poussé la partialité et l'impudence jusqu'à faire empêcher la distribution des discours patriotiques de MM. Lafayette, Lamarque et Mauguin, et faire saisir ceux qui les vendaient, tandis qu'il a fait distribuer gratis (c'est-à-dire aux frais des contribuables) les discours des députés doctrinaires ou ministériels (c'est tout un) qui ne sont qu'un tissu de faussetés, de sophismes et de paradoxes. »

Tel est le début du prospectus dans lequel M. Ricard-Farrat annonçait qu'il allait ⬤⬤ quotidiennement des publications extraites des journaux ⬤⬤ jour et à la portée du peuple, pour les opposer à celles du gouvernement, et pour lequel il était cité devant la cour d'assises.

L'avocat général ayant développé un long et lourd réquisitoire, Ricard-Farrat ne dit que les paroles suivantes :

« Messieurs les jurés, malgré les efforts, sans doute éloquens

autant que subtils, que s'est donné la peine de faire M. l'avocat
général pour incriminer mon prospectus, ma conviction sur
l'innocence de son contenu et ma confiance que cette conviction
sera partagée par vous étant les mêmes qu'avant de l'avoir entendu, je persiste dans ma résolution, prise d'avance, de ne
pas me défendre et de ne point répondre aux accusations : ma
précédente défense pourrait suffire, et je laisse d'ailleurs à mon
avocat le soin de les réfuter, s'il le juge nécessaire.

« En parcourant mon prospectus, messieurs les jurés, vous
reconnaîtrez peut-être sous quelles inspirations il a été composé,
et dans quelle intention : c'était au moment où de nouvelles
illégalités de notre libéral gouvernement ou ministère (c'est une
même chose, je l'ai prouvé) décélait le projet de priver les
masses pauvres de toute instruction publique. De tous les des-
seins anti-populaires qu'il peut avoir formé, aucun ne devait
avoir des conséquences plus immorales, plus impolitiques et plus
désastreuses que celui-là. Malheur à nous, malheur à la France
et à la liberté, si, abruti, plongé dans l'ignorance (le peuple)
survenait une commotion sociale!.... »

« Si nous avons vu ce peuple si beau, si généreux, si grand
de vertus politiques et de moralité, c'est aux enseignemens de
la presse, et de la presse politique principalement, que nous en
sommes redevables. Gardons-nous de le priver de cet aliment
généreux et consolateur. »

« Pour qu'il ne lui manquât pas, j'avais résolu de lutter contre
le ministère, en publiant des extraits des autres journaux, et,
pour faire apprécier au public l'intention dans laquelle ils seraient
faits, je publiai le prospectus que l'on défère à votre jugement.

« Il est vrai que, dans un article supplémentaire, je mets en
regard le peuple avec les riches propriétaires : j'appartiens à
cette cathégorie, et si parmi vous, Messieurs, il s'en trouve
aussi, je n'aurai nulle répugnance à croire que le ministère
public, pour l'effet de ses incroyables accusations, peut avoir
fondé quelque espoir sur l'influence de votre position et les
fascinations du sentiment de l'intérêt. Malgré votre précédent
jugement, j'espère, messieurs les jurés, que vous ferez justice
de ces injurieuses espérances et des accusations dirigées contre
moi. Je ne terminerai pas sans relever une assertion échappée à
M. l'avocat général. Le peuple, a-t-il dit, a délégué ses pou-

voirs!... Quand et à qui a-t-il délégué ses pouvoirs, le peuple?...
Où a-t-il fait acte de délégation?....

Après une lumineuse défense de Mᵉ Boussi, le jury étant passé
dans la salle des délibérations, M. Ricard-Farrat a été acquitté
sur tous les chefs.

Nous croyons bien faire en reproduisant ici l'article supplémentaire du prospectus.

AVERTISSEMENT AU PEUPLE.

Nous profitons de l'occasion de cette publicaton et de la licence
que sa priorité nous donne, pour faire part à tous les citoyens
qui vivent au jour le jour de leur travail, ou qui n'ont en revenus que le nécessaire, de plusieurs moyens que nous devons
proposer aux riches pour mettre un terme à la misère publique,
que notre gouvernement ne peut même nous donner l'espérance
de faire cesser un jour. Voici ces moyens :

Abolir les contributions indirectes, qui grèvent le peuple.

Sur les boissons, de	70	millions.
Sur le sel, de	58	id.
Sur les octrois, de	45	id.
	173	millions (1).

Il faut accorder en primes à l'industrie,
pour assurer à ses produits un débouché
sur les places étrangères. 100 millions.

Total. 273 millions.

Pour couvrir cette somme, il faut établir sur les

---

(1) Paris seul contribue sur les boissons pour 10 millions.
sur le sel 2 id.
sur les octrois 27 id.

Total. 39 millions.

Non compris les autres contributions indirectes perçues aux halles
sur le poisson, les œufs, les fruits verts, le beurre, les légumes, etc.
Nous ferons observer aux riches comme aux pauvres que le budget
de la ville de Paris s'élève au-delà de 45 millions, et que cette somme
énorme est administrée et répartie par 24 hommes sans responsabilité
et sans autre délégation que celle des ministres et du préfet.

rentiers de l'État, qui, depuis trente ans, ne paient aucun impôt sur les revenus que leur rapportent leurs titres, une taxe égalant le cinquième des rentes, soit,.................... 45 millions.

Il faut de plus établir pour toutes les propriétés foncières ou autres, un impôt progressif, qui, à partir du septième du revenu pour les petites fortunes, ira en augmentant jusqu'au tiers, pour celles qui dépasseront trente mille francs de revenu. Cet impôt produira, approximativement, ... 90 millions.

On établira encore sur les objets de luxe des taxes, dont le produit pourra facilement s'élever à 15 millions.

Enfin, on affectera à cette destination les fonds employés à l'amortissement (remboursement) de la dette, qui ne servent qu'à attirer tous les capitaux à la Bourse, et les enlèvent à l'industrie. Ces fonds s'élèvent, pour l'an 1832, à la somme de ..... 105 millions.

La diminution des employés des douanes, par suite de l'affranchissement du sel, produira. ... 4 millions.

Le licenciement de l'administration centrale et départementale, et des percepteurs des contributions indirectes, produira ...   22 millions.
                                    _____
                        Total.   281 millions.

A ces ressources on pourrait ajouter encore 30 millions, pour réduction sur les gros traitemens civils et ecclésiastiques.

Ainsi en voilà bien plus qu'il ne faut pour soulager la misère du peuple et le malaise de l'industrie, auxquels les doctrinaires ne trouvent d'autre remède que de donner au roi 18 millions par an. Toutes ces ressources sont à la disposition de nos députés et de nos hommes d'état, elles ne dépendent que de leur volonté; s'ils refusent d'y recourir, ils vous prouveront, à vous qui constituez le peuple, ouvriers, commis, petits marchands et propriétaires qui formez les dix-neuf vingtièmes de la nation, que les riches, qui seuls ont le droit de faire les lois et d'administrer les affaires publiques, veulent toujours sacrifier votre intérêt et votre bien-être à leur égoïsme; il vous sera prouvé aussi que vous ne devez rien attendre d'eux, et que, pour améliorer votre sort, vous ne devez compter que sur vous-mêmes. Associez-vous.

www.ingramcontent.com/pod-product-compliance
Lightning Source LLC
Chambersburg PA
CBHW060533200326
41520CB00017B/5222